Hellbrunn

Januar

1	Neujahr	16	
2		17	
3		18	
4		19	
5		20	
6		21	
7		22	
8		23	
9		24	
10		25	
11		26	
12		27	
13		28	
14		29	
15		30	
		31	

Januar

Heinrich Lefler - Der Mozart Geburtstagskalender
Bibliografische Information der Deutschen Nationalbibliothek:
Die Deutsche Nationalbibliothek verzeichnet diese Publikation in der
Deutschen Nationalbibliografie; detaillierte bibliografische
Daten sind im Internet über http://dnb.dnb.de abrufbar.
© 2018 Elizabeth M. Potter 1. Auflage
elizabeth.potter@t-online.de
www.elizabethpotter.de
Facebook
Instagram
Covergrafik, Texte, Bilder: © 2018 Elizabeth M. Potter
Herstellung und Verlag: BoD – Books on Demand, Norderstedt
ISBN: 9783746081366

Bastien und Bastienne

Februar

	16
1	17
2	18
3	19
4	20
5	21
6	22
7	23
8	24
9	25
10	26
11	27
12	28
13	29
14	
15	

Februar

Die Entführung aus dem Serail

März

	16
1	17
2	18
3	19
4	20
5	21
6	22
7	23
8	24
9	25
10	26
11	27
12	28
13	29
14	30
15	31

März

Cosi fan tutte

April

	16
1	17
2	18
3	19
4	20
5	21
6	22
7	23
8	24
9	25
10	26
11	27
12	28
13	29
14	30
15	

April

Die Heirat von Figaro Cherubin

Mai

1	Tag der Arbeit	16	
2		17	
3		18	
4		19	
5		20	
6		21	
7		22	
8		23	
9		24	
10		25	
11		26	
12		27	
13		28	
14		29	
15		30	
		31	

Mai

Die Heirat von Figaro – Epilogisches Quintett

Juni

1	16
2	17
3	18
4	19
5	20
6	21
7	22
8	23
9	24
10	25
11	26
12	27
13	28
14	29
15	30

Juni

Prolog zum Don Giovanni

Juli

	16
1	17
2	18
3	19
4	20
5	21
6	22
7	23
8	24
9	25
10	26
11	27
12	28
13	29
14	30
15	31

Juli

Don Giovanni - Donna Anna

August

		16	
1		17	
2		18	
3		19	
4		20	
5		21	
6		22	
7		23	
8		24	
9		25	
10		26	
11		27	
12		28	
13		29	
14		30	
15		31	

August

Die Zauberflöte - Papageno

September

	16
1	17
2	18
3	19
4	20
5	21
6	22
7	23
8	24
9	25
10	26
11	27
12	28
13	29
14	30
15	

September

Die Zauberflöte - Tamino and Pamina

Oktober

		16	
1		17	
2		18	
3	Tag der Deutschen Einheit	19	
4		20	
5		21	
6		22	
7		23	
8		24	
9		25	
10		26	
11		27	
12		28	
13		29	
14		30	
15		31	

Oktober

A Dur Quartett

November

		16	
1		17	
2		18	
3		19	
4		20	
5		21	
6		22	
7		23	
8		24	
9		25	
10		26	
11		27	
12		28	
13		29	
14		30	
15			

November

Requiem

Dezember

1		16	
2		17	
3		18	
4		19	
5		20	
6		21	
7		22	
8		23	
9		24	
10		25	1. Weihnachtstag
11		26	2. Weihnachtstag
12		27	
13		28	
14		29	
15		30	
		31	

Dezember